Todos los libros de Linkgua Ediciones cuentan con modelos de Inteligencia Artificial entrenados por hispanistas. Pregúntale al chat de tu libro lo que desees acerca de la obra o su autor/a.

Para ebooks: Accede a nuestro modelo de IA a través de este enlace.

Para libros impresos: Escanea el código QR de la portada con tu dispositivo móvil.

Obtén análisis detallados de nuestros libros, resúmenes, respuestas a tus preguntas y accede a nuestras ediciones críticas generativas para una experiencia de lectura más enriquecedora.
La transparencia y el respeto hacia la autoría de las fuentes utilizadas son distintivos básicos de nuestro proyecto. Por ello, las respuestas ofrecen, mediante un sistema de citas, las fuentes con las que han sido elaboradas.

Gonzalo de Berceo

Del sacrifiçio de la missa

Barcelona 2024
Linkgua-ediciones.com

Créditos

Título original: Del sacrificio de la misa.

© 2024, Red ediciones S.L.

e-mail: info@linkgua.com

Diseño de cubierta: Michel Mallard.

ISBN rústica: 978-84-9816-243-1.
ISBN ebook: 978-84-9897-815-5.

Sumario

Créditos   4

Brevísima presentación   7
    La vida   7

Del sacrifiçio de la missa   9

Libros a la carta   57

Brevísima presentación

La vida

Gonzalo de Berceo (Berceo, Logroño, 1195-d. 1264). España.
Pertenece a la tradición literaria llamada «mester de clerecía»,
integrada por eclesiásticos y hombres de letras. Se educó en el monasterio de San Millán de la Cogolla (La Rioja), en el que ofició
como clérigo secular, y fue más tarde diácono (c. 1120) y presbítero (c. 1237).

Del sacrifiçio de la missa

1. En el nomne del rey que regna por natura,
Ques fin e comienzo de toda creatura,
Se guiarme quisiesse la su sancta mesura
En su honor querria fer una escriptura.

2. Del testamiento vieio quiero luego fablar,
E commo sacrificaban, e sobre qual altar,
Desent tornar al nuevo, por enc;ierto andar,
Acordarlos en uno, fazerlos saludar.

3. Quando corrie la ley de Moysén ganada.
Del çielo de Dios misme escripta e notada,
Sobre altar de tierra, non de piedra labrada,
Fazie sos sacrifiçios la hebrea mesnada.

4. Quando por los sennores que el pueblo mandaban,
Ouerien fer sacrifiçio, toro sacrificaban:
Por el pueblo menudo cabrones degolaban,
Carnero por el bispo, e los que ministraban.

5. Pero en los cabrones fazien departimiento,
Adoçien dos al tiemplo, avien tal mandamiento,
Degolaban el uno por fer su sagramiento,
Enviaban el otro a las sierras al viento.

6. La casa de los clerigos avien de aguardar
En qui estos ganados solien sacrificar:
Departiela un velo que solia y colgar
Entre la mayor casa e el sancto altar.

7. La casa ant el velo essa avien por choro,
Hy offreçien el cabron, e carnero e toro,
Tórtolas e palombas, panes, plata e oro,
En la de tras el velo iazie otro thesoro.

8. En la primera casa sedie un candelero,
De oro puro era, non de otro madero,
Siete braços avie, quisque con su vasero,
Los sex eran de cuesta, el otro medianero.

9. Hy sedie una mesa de cobre bien labrada,
En ella XII, panes de farina brutada,
Non comie dellos otri sola una bocaça
Sinon los saçerdotes e la gent ordenada.

10. Mas de una semana los panes non duraban,
Entrante de la otra otros panes cambiaban,
Los prestes estos panes por sanctos los cataban,
La sammana passada luego los traslaudaban.

11. En la sancta casa, que tras el velo era,
Sedien grandes reliquias, cosa bien verdadera,
Un archa preçiosa de preçiosa madera.
Dentro ricas reliquias de preçiosa manera.

12. La archa toda era doro bien cubierta,
De oro bien labrada de mano bien dispierta,
Tabla tenie de suso, non estaba abierta,
Tabla maravilosa, non de obra desierta.

13. Sedien sobre la tabla angeles traviesados,

Cubrien toda la archa, ca sedien desalados,
Dos eran ca non plus, sedien bien compassados,
Tenien un contra altro los rostros retornados.

14. Reliqario era esta archa nomnada,
De muy sanctas reliquias era muy bien poblada,
Hi estaban las tablas en que la ley fue dada,
La verga de Aaron cosa muy sennalada.

15. Una olla de oro, non de tierra labrada
Plena de sancta manna del cielo embiada;
La que a los iudios daba Dios por çenada
En esta sancta archa estaba condesada.

16. En esta sancta castra que iazia tras el panno
Non entraba ninguno por puerta ni por canno,
Si non el su obispo una vez en el anno
Con sangre de vezerra, si non faria su danno.

17. Estos dos sanctuarios que avemos contado
Dizel al primero sancta, nomne usado:
Dizen sancta sanctorum al rancon apartado,
Que iazia tras el velo que estaba colgado.

18. Todas estas ofrendas, las aves e ganados
Traien significança de oscuros mandados:
Todos en Ihesu-Christo hi fueron acabados,
Que offreçió sue carne por los nuestros peccados.

19. El cabron que mataba la gent saçerdotal,
Del significaba la su carne mortal:
El que vivo fincaba que non prendie nul mal,

La natura divina, la rayz spirital.

20. El corderuelo simple que non faze nul mal,
A Christo demostraba, ca él fue atal:
El novielo que fiere, faze colpe mortal,
Christo fue que destruxo el principe infernal.

21. La palomba significa la su simpliçidat,
La tórtora es signo de la su castidat,
Los panes figuraban que él era verdat,
Carrera paz e vida e pan de caridat.

22. Todos los sacrifiçios los de la ley primera
Todos significan la hostil verdadera:
Esta fue lhesu-christo que abrió la carrera
Porque tornar podamos a la sied cabdalera.

23. El nuestro saçerdot quando la missa canta,
E faze sacrifiçios sobre la mesa sancta,
Todo esto remiembra la hostia que quebranta,
Todo alli se cumpre e alli se callanta.

24. Siquier los sacrifiçios, sequier las prophecias,
Lo que Daniel dixo, e qu Iheremias,
E lo que Abacuc, e lo que Ysayas,
Todo se ençierra en la cruz de Messias.

25. Quando vino Messias todo fue aquedado
Callaron los prophetas, el velo fue redrado,
Folgaron los cabrones, y el otro ganado,
El puso fin a todo lo que era passado.

26. Los que passados eran todos lo sospiraron,
Todos los sacrifiçios a él pronunçiaron,
Quando assomó a él, todos se remataron,
Deque él dixo fiat, pareçer non osaron.

27. El saçerdot legitimo que nunca descamina,
Fijo de alto rey e de alta reyna,
Vino de summo çelo en esta luz mezquina,
Sacrificó su cuerpo e rompió la

28. Deque sofrió don Christo la passion prophetada,
Cumprió los sacrifiçios los de la ley passada,
Levantó la ley nueva, la vieia callantada,
La vieia so la nueva iaze encortinada.

29. Quando tornó al çielo ont era venido,
Dexó los sus apostolos buen conviento complido,
Ordenaron eglesias do fuesse Dios servido,
Commo homnes perfectos de perfecto sentido.

30. Ordenaron obispos, otros prestes menores
Por servir los altares, solver los peccadores,
Rezar las matinadas antes de los alvores,
Cantar sobre los muertos obsequios e clamores.

31. Las vestimentas limpias que visten los perlados,
Sequiere las que viesten los prestes ordenados,
Aquessas representan de los tiempos passados,
E la carne de Christo bien limpia de peccados.

32. Quando el sancto preste assoma revestido,
Que exe del sagrario de logar escondido,

A don Christo significa que non fue entendido,
Si non, no lo oviera el traydor vendido.

33. Quando fiere sus pechos clamase por culpado,
Estonz mata las aves, degüella el ganado,
Quando faz penitençia commo le es mandado,
Iaz tras el sancta sanctorum tras el velo colgado.

34. El offiçio que luego comiençan los cantores
Demuestra los sospiros, la gloria los loores:
Los kiries las pregarias e los grandes clamores
Que fazien por don Christo los antiguos sennores.

35. Quando diçe oremus esi sancto vicario
Estonz faz remembrançia del nobre ençensarío,
Con el que ençensaba todo el sanctuario,
Que daba mas dulz fumo que un dulz lectuario.

36. Escripto lo tenemos, e cosa es usada:
La buena oraçion ençienso es clamada:
David lo firma esto, la su bocca ondrada,
El que al philisteo dió la mala pedrada.

37. Mientre ley el preste la sancta leyçion,
Por muertos e por vivos el faz oraçion,
On deben rogar todos de coraçon
Que Dios a él oya la su petiçion.

38. La gloria in excelsis que el preste levanta
Luego en el comienzo quando la missa canta,
El ymno representa e la gloria tanta,
Qual la ovieron ellos por la Navidat sancta.

39. Quando cantan la missa en el sancto altar,
Sequiere leyenda, siquiere el signar,
Todo caye en Christo qui lo quiere cantar,
Ca él en su memoria lo mando todo far.

40. Desent leen la pístola, la oraçion complida,
Leenla alta-mientre por seer bien oyda,
Asientase el pueblo fata sea leyda,
Pasta que el diáchono la bendiçion pida.

41. Toda esa leyenda, es sancto sermon
Es en significanca de la predicaçion
Que fazian los apostolos la primera sazon,
Quando los envió Christo semnar a bendiçion.

42. Luego que ha la pístola dicha et pistolero,
Recudele el coro a poco de migero;
El responso le dize, eres buen messagero,
Por seguir tu conseio so muy bien plazentero.

43. La laude es matheria e voz de alegria,
Hymno que en la alma pone plazenteria:
Por esso la pronunçia estonz la cleriçia,
Porque dize la pistola dichos de cortesia.

44. La prosa rinde graçias a Dios nuestro sennor,
Al fiio de Maria del mundo Salvador,
Que por él somos salvos e sanos del dolor,
Del que nos heredaron Adan e su uxor.

45. Cantado el responso, la laude e la prosa,

Viene el evangelio razon dulz e sabrosa,
Lo que dixo don Christo fijo de la gloriosa
Que nos salvó a todos con su sangne preçiosa.

46. Levantasse el pueblo cascun de su lugar,
Descubren sus cabezas por meyor escuchar,
Faz en cruz en sus fruentes con el dedo pulgar
En boca e en pechos, ca tres deben estar.

47. Debe todo christiano fazer estas sennales,
Demientre que las faze dezir palauras tales:
Tu Ihesu Nazareno que puedes e que vales
Rey de los iudios, salva tus fiuçiales.

48. Los que lo non entienden bien deben preguntar
Porque cambia el clerico tan apriessa logar,
Anda destro siniestro en el sancto altar,
En cabo dó se sovo ali a de tornar.

49. Los iudios significa essa diestra partida,
A la que faz el clerigo la primera venida:
Essos tienen la ley dellos mal entendida,
Por esso eran diestros, non por la buena vida.

50. A los moros significa el siniestro cornal,
Que non tienen de Dios nin ley nin su sinal,
Por ent a los disçipulos dió signo speçial
Que non se acostassen a es hospital.

51. Quando non lo quisieron los diestros reçebir,
Passó a los siniestros, fizolos convertir,
Oyeron evangelio que non solien oyr,

E ganaron la missa toda astal somir.

52. La gent de los iudios en ora mala nados
Repoyaron, a Christo por sus malos peccados,
Reçibieronlo moros, fueron bien venturados,
Essos andan por fijos, los otros por andados.

53. Lo que torna a diestro por la missa acabar
Muestra que quando fuere el mundo a finar
Entendran los iudios todo su mal estar,
Creeran en don Christo que los vino salvar.

54. Dicho el evangelio essa sancta razon,
Santiguanse los omnes todos quantos hy son:
Alçan suso las manos, dan a Dios bendiçion
Que sea biendicho siempre toda razon.

55. Fazen depues desto bien buena providençia,
Cantan un rico canto, todo de la creençia,
Commo qui diz, oyemos Christo la tu sentençia:
Creemos bien en ella sin ninguna fallençia.

56. Esto es sine dubio cosa bien ordenada,
Oir primera-mientre la liçion consegrada,
Mostrarla con sus lenguas que es fe acabada,
Desen comprir la obra, offreçer la obrada.

57. Quando corrie la ley en el tiempo primero,
Quando sacrificaban, non offreçien dinero,
Mas o toro o aves, o cabron o carnero,
Pero fue ençerrado todo en un cordero.

58. Christo fue el cordero fijo de tal cordera,
Que nin pues nin ante non ovo compannera;
Es fue çerradura de la ley primera;
e ordenó la nueva firme e verdadera.

59. Mientre que la offrenda cantan los ordenados,
El preste revestido de los pannos sagrados
Offreçe en el altar los dones comendados,
El caliz e la hostia en logar de ganados.

60. Non lo cuide ninguno que lo faz sin razon
Quando echan la agua sobre la oblaçion,
Ca trae esta vuelta grant significaçion,
Qui assi non lo faze, faze mal ca bien non.

61. El vino significa a Dios nuestro Sennor,
La agua significa al pueblo pecador:[1]
Commo estas dos cosas tornan en un sabor,
Assi torna el omne con Dios en un amor.

62. Qui non quier volver el agua con el vino,
Parte de Dios al omne, fica pobre mesquino,
Faze muy grant peccado, pesar al Rey divino,
Qui por nos peccadores en la gloriosa vino.

63. Demas quando estaba en la cruz desbraçado,
Sangne ixio e agua del so diestro costado:
Qui partir los quisiesse farie desaguisado,
E non serie don Christo de tal fecho pagado.

---

1   Este verso y los tres siguientes faltan en el códice de la Biblioteca Na-
    cional, y se suplen por los que publicó Sánchez, tomándolos del có-
    dice de San Millan.

64. Abrahan nuestro avuelo de ondrada memoria
Quando de la fazienda tornaba con victoria,
Ofreçie Melchissedech, commo diz la historia,
Pan e vino, e plógol mucho al Rey de gloria.

65. Offreçer pan e vino en el sancto altar
Offrenda es auténtica, non podrie meiorar:
Quando con sus disçipulos Christo quiso çenar,
Con pan e vino solo los quiso comulgar.

66. El qui la hostia pone pora sacrificar,
En la siniestra parte la debe assentar,
El caliz a la diestra por meyor le membrar,
Que en el diestro lado fue el bon fontanar.

67. El cáliz offreçido, la hostia assentada,
Commo es de costumbre offreçer la mesnada,
Quisque lo que se treve, bodigo o oblada
O candela de çera offrenda muy ondrada.

68. Quando Salomon fizo el tiemplo consagrar,
Vinieron grandes gentes la festa çelebrar,
Dieron grandes offrendas, non serien de contar,
Hi prisieron exiemplo de offreçer al altar.

69. El preste revestido de la ropa sagrada
Tornasse al altar, reza la voz cambiada,
De lo que diz, el pueblo non le entiende nada
Estalo esperando fasta faga tornada.

70. Esta significançia vos querria dezir,

Razon es neçessaria, debedesla oyr,
Que se vos preguntaren sepades recodir,
A muchos buenos clerigos podades embair .

71. El jueves de la çena fecha la refecçion,
Fue el traydor falso bastir la trayçion.
Apartósse don Christo de la su criaçon,
Quanto echo de piedra fue fazer oraçion.

72. Fizo su oraçion derecha e complida
Tornó a su companna, fallóla adormida,
Dixole que velase, soviesse perçebida,
Que de temptaçion mala non fusse embaida.

73. Tres vezes fue orar por a ley complir,
Ca la ley mandaba tres ganados offrir,
Toro, cabron, cordero que non sabe rennir
La treble oraçion esto quiere dezir.

74. Oró el Sennor bueno de todo mal vazio
Por si e pur su pueblo e por el sennorio,
Por todos elli quisso pechar el telonio,
Ca todos los regaios manaban desse rio.

75. Tomó a sus discipulos que sedien en ardura,
Confortólos e dixoles, dormit, avet folgura,
Çerca viene la hora que la companna dura
Faran gran denodeo sobra grant desmesura.

76. La oracion que reza el preste calandiello,
A aquella significa que fizo el cabdielto,
Destaió el carnero, el cabron, el novielto,

De toda la ley vieia él çerró el portiello.

77. Quando dize per omnia con la voz cambiada
A christo representa quando fizo tomada,
Quando dormie Sant Pedro la mesa levantada,
E amassaba Iudas la massa mal lebdada.

78. Otra cosa significa esta voz paladina,
Al obispo que exie detras essa cortina,
La que partie la casa, el bren de la farina,
E sparçie por todo sangne por mediçina.

79. Dales buen salispaçio, ca trahe buen mandado,
Diz Dominus vobiscum, sea vuestro pagado:
Dent diz sursum corda que le torne recabdo,
Que respuesta le dizen que non sea errado.

80. Recúdele el coro, nos esto respondemos,
Los cueres du tu diçes, nos alla los tenemos:
Diz el rendamus gratias a Dios en que creemos:
Diz el coro, nos esso por mal non lo tenemos.

81. Desent ruega el preste a la cort çelestial,
Angeles e arcangeles, a Christo que mas val,
Que podamos dar vozes con ellos en egual,
Vozes tales que plagan al Rey perennal.

82. Desent cantan los sanctos signo de alegria,
Lo que cantan los angeles ante Dios cada dia,
Estas laudes avemos del varon Ysaya
E fizo un buen libro de la su propheçia.

83. Si en sabor vos cae esta nuestra leyenda,
A vetlo por iantar, esperat la merienda
Agora entraremos en la firme façienda
Do nos a menester de bien iener la rienda.

84. Agora va el preste al mello legando,
Los dias van creçiendo, el Sol escalentando,
Quando mas lo comido, mas me vo espantando,
Sáquenos Dios a puerto, sea de nuestro vando.

85. De suso si vos miembra, lo oviestes oydo,
Quando quiere entrar al rencon escondido
El obispo de la ley commo iba guarnido,
Una vez en el anno, en dia establido.

86. Quando avien de fer essi anniversario,
Finchien de vivas brasas el nobre ençensario,
Metie tanto ençienso molido en mortario
Que se finchie de fumo todo el sanctuario.

87. La sangne del ganado que de fuera mataba
Consigo la traye quando alli entraba:
La archa, el candelabro, e quanto y estaba
Con ysopo de yerba todo lo ruçiaba.

88. Tanto era el fumo que del vaso sallie,
Que al preste ninguno veer non lo podie:
Fazie el ministerio commo la ley dizie,
Despues exie del velo, pax vobis les dezie.

89. Essa primera cassa que estaba forana,
Significa la eglisia que es de gent christiana:

El otro reconlçiello çiella mas orellana.
Significa al çielo, la partida susana.

90. El preste revestido de la ropa preçiosa
Significa a Christo Fiio de la gloriosa:
Ca vistio limpia carne, clara non mançellosa:
San Paulo lo diz esto, non es razon mintrosa.

91. El obispo que esso avie de ministrar
Non conviene sin sangne aquel rancon entrar,
Con sangne lo avie siempre a visitar:
De dentro e de fuera esso avie de far.

92. Commo fazie el obispo de los otros mayor,
Assi fizo don Christo el nuestro Salvador:
Una vez murió sola por nos el buen sennor
E tornó a los çielos con festival honor.

93. En la ley antigua que fue otra saçon
Nin en la ley dagora o los baptiçados son,
Nunqua venie sin sangne ninguna redempçion,
Nin faze hoy in dia qui catare razon.

94. Oy en aqueste dia assi vos emos mandado;
Si quiere cantar missa el preste ordenado,
De la sangne le miembre quel ixio del costado
Al que morió en cruz por el nuestro peccado.

95. Los de la ley nueva tal creençia tenemos
Que la su sancta sangne cutiano la bebemos:
Qui essa non bebiere, en escripto lo leemos
Que salvar non se puede, e assi lo creemos.

96. Oygamos del ministro, de lo que començamos
La razon es revuelta, mucho la alongamos:
Si Dios non nos valiere, en tal lugar entramos
Que menester avremos los piedes e las manos.

97. En el primero capitolo nuestro missacantano
Tres vegadas sanctifica con la su diestra mano
Las tres cosas significa del tiempo ançiano,
El cabron, el carnero, el noviello lozano.

98. Redempçion de pecados sin sangne nunca vino,
Sangne lava las almas de todo mal venino,
Por entrar a los çielos sangne faz el camino,
Do la sangne non tanne Belzebud es vezino.

99. La figura de Christo delante la tenemos,
Commo en cruz estido por oio lo veemos,
Oblidar la su sangne nos nunqua la debemos,
Ca si la oblidaremos, nuestro danno faremos.

100. De que las cruçes façe essa mano sagrada
Sobre vino de caliz, o sobre la obrada,
Ruega por la yglisia que Dios ovo comprada,
Que del mal enemigo non sea mal menada.

101. Faz por el apostoligo oraçion connoçida,
E otrosí por el obispo, al rey non lo oblida,
Por si e por el pueblo, por la gent redemida
Que los guarde a todos Dios de mala cayda.

102. Ruega por la eglesia a Dios que la defienda

En paz que la contenga, e sin toda contienda
En el su amor sancto que él laençienda,
Que él finque pagado de toda su façienda.

103. En el otro capitolo el preste ordenado
Ruega por sus amigos quel an adebdado,
Por los que estan çerca, quel sieden al costado,
Que bien creen en Christo que fue cruçificado.

104. Ruega por los que ofreçen al altar su offrenda,
Por los que missa suelta, que mal non los compreenda
Por qui a la iglesia aduz alguna renda
Que vala Dios a todos, e de mal loS defenda.

105. Ruega por los enfermos e por los embargados,
Que o son en periglo, o de salut menguados,
E por los peccadores que iazen en peccados
Que Dios vala a todos, que non iagan travados.

106. Quanto pidie la ley, la sangne vertida,
Todo lo pidió Cbristo a cosa conosçida:
Assi faze el preste, ca nada non oburida
Es de la ley vieia la nueva mas complida.

107. El terçero cipitolo es de acometer,
Trabe buena matheria, buena de entender,
Si vos me esperassedes por vuestro bien seer,
Oyriedes razones que vos faran plaçer.

108. En la ley antigua el obispo natural
Quando quiere offiçio façer pontifical,
Si a sancta sanctorum entraba del portal,

Metie dentro consigo mucha rica sennal.

109. Metie en los vestidos que son pontificales
Los nomnes de los padres, prophetas prinçipales,
E los nomnes derechos que son patriarchales,
Entraba bien guarnido de noblezas cabdales.

110. Levabalos escriptos en un pallio cabdal
Que vestie el obispo sobre todo lo al
La meatad delantre do es el pechugal,
Lo al en las espaldas, dizienle humeral.

111. Prendie otro adovo est bispal vicario
Quando querie entrar al mayor sanctuario:
Levaba en su mano el nobre ençensario
Que estaba alçado siempre en el armario.

112. Metie en él las brasas vivas bien menuzadas,
Del ençienso molido metie grandes punnadas,
Ixie un fiero fumo, tan espessas nuvadas,
Que nin vedien al bispo, nin las ropas sagradas.

113. Demas metie consigo la sangne del ganado
Que en la mayor casa fincaba degolado:
Vertie della por todo, commo era mandado,
Era de su offiçio el Criador pagado.

114. Los nuestros saçerdotes ministros del altar
Quando est capitulo empieçan a rezar,
Todo esto refrescan en dezir e en far,
Lo que en es tiempo solien sacrificar.

115. Los nomnes de los padres de los tiempos passados
Sobre si los levaba en el pallio pegados:
En essa remembrançia los prestes ordenados
Leen aquí apostolos e martires doblados.

116. Por esso los emientan essos sanctos varones,
Por remembrar los fechos de aquessas sazones:
Demas que lo roguemos nos en los coraçones,
Que sigamos sus mannas e sus condiçiones.

117. La sangne de beçerra, sequiere del cabron,
La que vertie el bispo de aquella sazon,
La sangne figuraba de nuestra redempçion,
La que vertió don Christo quando priso passion.

118. El que la missa canta, si bien lo quiere fer,
Aquella sangne debe en coraçon tener,
Se dessa bien le miembra mas nos puede valer
Que non valie la otra, esto es de creer.

119. Las brasas bien ardientes del sancto ençensero
Que metie a la casa el sancto obrero,
El fuego figuraba, el ardor plenero
Que debe traer siempre el preste semanero.

120. Lo que quemaba tanto del ençienso molido
Que non vedien del fumo al bispo revestido,
Muestra que es la missa offiçio tan complido
Que saber non lo puede ningun omne nasçido.

121. Quanto podien estonçes al bispo veer,
Tanto podrie nul omne nin asmar, nin saber,

La vertut de la missa quanto pode valer:
Non lo dió Dios a omne esto a entender.

122. Nin cabron nin camero, nin bue que mas val,
Nin palombas, nin tortoras, nin es cosa atal
Que valies contra est misterio spirital
Quanto contra el trigo valdrie el rostroial.

123. El ministro antigo que a Dios ministraba,
Quando ixie del pulpite o la archa estaba,
Visitaba el pueblo que de fuera oraba,
Echandoles el sangne que la ley mandaba.

124. Todo est misterio desta proçession
Todo lo complió Christo ante de la passion,
Dexó a los dísçipulos, fue façer oraçion,
Veer non lo pudieron en aquella sazon.

125. Desent tornó a ellos, e mandolos orar,
Vidieronlo por oio, oyeronlo fablar,
Esto querie la sangne vieia significar,
La que mandó la ley sobre el pueblo echar.

126. Por ende dixo él si saber lo queredes,
Modicum tempus erit que vos non me veredes,
Iterum adhuc medicum que veer non me podredes,
Esto será verdat, por tal lo probaredes.

127. En el quarto capitolo, commo diz la historia,
El vicario de Christo desto faze memoria:
Con los brazos abiertos ruega al Rey de gloria
Todo est servicio que sea sin escoria.

128. La hostia que offreçe el saçerdot sennero,
Todo es el su pueblo en ella par~onero:
El offreçe por todos al Rey verdadero,
Ca assi fizo Christus alcalde derechero.

129. Quando offreçió Christo la su carne preçiosa
Que morió por nos todos, fizo tan fiera cosa,
Una hostia fue sola, essa fue tan donosa
Que nos quitó a todos de prison peligrosa.

130. Assi esso poquiello que el preste offreçe,
Esso salva a muchos e esso los guaresçe:
La virtut de don Christo esso lo aproveçe,
Non viene por el clerico, ca él non lo mereçe.

131. Vicario es el clerigo del Sennor espirital,
La hostia que offreçe, toda es general,
La palabra que dize, toda fabla plural,
Ca él por todos offreçe, ella a todos val.

132. La leçion se lo cuncta luego en la entrada
Que toda la familia uffre esta oblada :
A muertos e a vivos presta porque delgada:
La semeianza es poca, la cogecha granada.

133. Ruega a Dios por todos que por su piedad
Ordene nuestros dias en paz de caridad,
E guardenos las almas de la oscuridad
Do nunca entrará puncto de claridad.

134. Estí ruego que faze, ruego tan afincado

Que non sea el pueblo de Dios desamparado,
El misterio remiembra del temporal passado
Quando solien offrir la sangne del ganado.

135. Dicho vos lo avemos non una vez sennera,
Mas es commo yo creo esta bien la terçera,
Commo fazie el bispo de la ley primera
Una vez en el anno esta sancta carrera.

136. De lo que fazie dentro non quiero dezir nada,
A lo que fazia fuera quiero fer la passada,
Si non férsenos ye mucho grant la iornada,
Cansariemos en medio, perderiemos la soldada.

137. Quando avie el bíspo lo de dentro complido
Con todo so adobo, assi commo entrido,
Ixie a los de fuera ondrada-mient guamido,
Leyeles buenas cosas, e era bien oydo.

138. Dizie asperges-me, o cosa sennalada,
Echaba sobre todo la sangne sagrada,
Desende apartábasse luen de la albergada,
Non tornarie a casa fasta la veperada.

139. Daba consigo luene en logar apartado,
Non tomaba al pueblo fasta el Sol entrada,
Alá seye sennero commo descomulgado,
Non osarie al fer, ca era bien vedado.

140. En el cuerpo del canon, en la quinta leçion
De tal apartamiento fazemos mençion,
Rogando a don Christo que dé su bendiçion

Sobre essa familia, e en su oblaçion.

141. Ruega por la familia de Christo aclamada,
Del libro de la vida que non sea echada:
Rueega por el vino, ruega por el obrada
Que lo cambie en melius la su vertut sagrada.

142. El pan torne en carne, en la que él murió,
el vino torne sangne, la que nos redemió,
Torne cosa angelica la que carnal naçió,
Que nos tornen al çielo, ont Luçifer cayó.

143. Sennores e amigos, vasos del Criador,
Que bebedes la sangne del vero Salvador,
Aqui seet devotos de temprado sabor,
Aqui iaz el meollo de la nuestra labor.

144. Por acordar la cosa, meior la compilar,
Mas de luene avemos la razón a tomar,
Ca la rayz avemos bien a escarvitar,
Desent sobrel çimiento la obra asentar.

145. Si Dios me aiudase la voluntad complir,
Del cordero Pasqual vos querria dezir,
Non es de oblidar, nin es de encobrir,
Ca trae la figura del otro por venir.

146. Dios la avie mandado en la ley primera
A fiyos de Israel, essa grant alcavera.
Quando a fer oviessen la Pascua cabdalera,
Que cordero matassen maslo 86, ca non cordera.

147. En Egipto fue esto primero levantado
Quando tenie el pueblo Faraon apremiado,
Quando fazie el angel el trebeio pesado
Que mataba los omnes, si fazie el ganado.

148. Mandóles Moyses que era menssagero,
Quando la Luna fues plena, esto el mes primero
En cada una casa que matassen cordero,
Guardassen bien la sangne en çerrado çelero.

149. Çelebrassen su Pascua pueblo de Israel,
Assado lo comiessen, non cocho el annel,
Feziesse de la sangne tau con un pinzel,
Non passarie la puerta essi angel cruel.

150. La puerta que non era de a sangne pintada,
Non era por salut de los de la posada:
En la mayor persona primero engendrada
Luego metie el angel en ella la espada.

151. Blago es el tau en toda su manera,
Cruz serie se oviesse la cabeza somera,
Tau salvó a essos porque menguado era:
Nos por la cruz cobramos la vida verdadera.

152. Sangne salvó a essos de muerte temporal,
Nos por sangne cobramos la vida spirital.
Por sangne de cordero finó todo el mal.
Valenos oyen dia mucho essa sennal.

153. Ihu fue est cordero, bien pareçe por vista,
Mostrólo con su dedo San Iohan el Baptista:

La su sangne preçiosa fizo esta conquista,
Algo entendió desto el rey çitarista.

154. El cordero secundo fue de meyor oveya,
Mucho de meyor carne, e de meyor pelleya,
Ambos ouieron sangne de un color bermeia,
Mas non fue la vertut nin egual nin pareia.

155. La carne del primero fue en fuego assada,
La carne del segundo en la cruz martiriada,
Por la primera sangne fue Egipto domada,
Al enfiemo la otra diol mala pezcoçada.

156. La virtut de la sangne, la que fue postremera,
Essa la fizo sancta a la sangne primera,
Esta era sennora, essa otra portera,
Essa fue el rostroio, esta fue la çivera.

157. Semeiarmie ya sennores, si a todos vos plaz,
Tornemos al nuevo todo nuestro solaz,
Ca todo el provecho a nos en él nos iaz,
El antiguo cordero fincasse en paz.

158. Fijo fue est cordero del Rey çelestial,
En todas las maneras del su padre egual,
Pareçió en el mundo en presençia carnal
Por acorrel al pueblo que iazia 95 en grant mal.

159. Et cordero simple con su simpliçidat,
Debatió al mal lobo pleno de falsedat,
Al que echó a Eva en grant captividat
E metió a Cayn en fuert enemiztat

160. En el dia preçioso de la Pascua mayor
Que es resurrecçion del nuestro Salvador,
La su carne comemos, de pan a el sabor,
La su sangne bebemos, grado al Criador,

161. El pan que sobre la ara consegra el abbat,
En su carne se torna, esta es la verdat:
El vino torna en sagne, salud de christiandat,
El sabor non acuerda con la propiedat.

162. En el pan y en el vino hi finca el sabor,
Mas non es pan nin vino, cosa es muy meior,
Cuerpo es de don Christo el nuestro Salvador:
Qui esto non creyesse, serie en grant error.

163. En el sexto capitolo que es de conmezar,
Qui pridie comiença, qui lo quiere rezar,
De las sanctas palabras essi es el limnar,
Que en cuerpo de Christo faz en el pan tornar.

164. Quando el saçerdot en es lugar viene,
Prende con ambas manos lo que delante tiene:
Dize essas palabras, ca de cort las retiene,
Faze cruz con su diestra, ca assi le conviene.

165. Las palabras leidas, e la cruz afformada,
Luego es la natura toda en al tornada:
El vino torna en sangne, en carne la oblada,
Aóralos la familia en la tierra postrada.

166. Esta virtut tan manna, tan noble bendiçion

Cosa es que Dios pone sobre la oblaçion,
De que la christiandad aya consolaçion,
Por ont de los peccados acabden remission.

167. Nin es omne nin angel nin otra criatura
Fuera Dios que lo faze por la su grant mesura,
Que entender podiesse esta buena ventura,
Ca todo es por graçia, non por otra natura.

168. Nuestro sennor don Christo, la çena acabada,
Tal çebo les partió a la su dulz mesnada:
Mandó que esta cosa non fuesse oblidada,
Mas en memoria suya que fuesse renovada.

169. El vicario de Christo, el que la missa canta,
Quando el corpus Domini sobre ssi lo levanta,
Si la passion de Christo en cuer non se le planta,
La sentençia que él dixo en esso la quebranta.

170. La muert que por nos priso semprel debe membrar,
Mas aqui mayor-mientre, aqui en est logar,
Ca él bien lo mandó, nos debemoslo far,
Si non podriemos luego dura-mientre peccar.

171. Lo que dixz del pan, esso digo del vino,
Todo es corpus Domini, toda va un camino,
Todo es salvaçion para omne mesquino,
Que es en est sieglo huespet e peregrino.

172. Aun del corpus Domini otra cosa vos digo:
El pan de que se faze, debe seer de trigo:
Otra mezcla ninguna non la quiere consigo,

Yo esto bien lo creo, e so ende testigo.

173. Si se vuelve en ello nuIla otra çivera.
Esto atal se finca tal pan quando qual ante era,
El trigo solo torna en carne verdadera,
E a mete las almas en buena carrera.

174. Esa razon vos quiero de la hostia tornar,
Quantas cosas debemos en ella mesurar,
Sex razones debemos en ella aguardar,
Qualquier dellas que mingue, buena es de cambiar .

175. Esta razón debemos guardar la mas primera,
Que sea trigo puro, non de otra çivera.
Blanca e pocazuela de redonda manera,
Sin sal, sin levadura, con escriptura vera.

176. Todo el sagramiento fecho e acabado,
El vicario de Christo parasse desbrazado,
Los braços bien abiertos, el rostro remorado,
Ca miembrale de Christo, commo fue martiriado.

177. Quando assy separa los braços bien tirados,
Significa los angeles que sieden desalados,
Los que cubrien la archa, desuso son contados:
Mas dam el coraçon que vos son oblidados.

178. Damas esta figura trae otra razon,
Demuestra que don Christo assi priso passion,
Assi suvo aspado por nuestra redempcçion
Quan dió el colpe Longino el varon.

179. El preste bendicto de tal guisa estando,
Los braços bien tendidos, contra la cruz catando,
Membrandol de Christo, de los oios plorando,
Emienta tres razones, ir vos las e contando.

180. Trees razones le miembran, cascuna cabdalera:
Commo morió don Christo: essa es la primera,
Commo resusçitó, es la su companera,
Commo sobió al çielo, essa es la terçera.

181. Si nos derecha-mientre quisiermos andar,
Lo que pronunçiamos debemos lo obrar:
Ca dezir de la lengua, de manos non labrar
Esso es flor sin frucho, prometer e non dar .

182. La muerte de don Christo nos estonz la laudamos,
Quando en nos mismos el mal mortificamos;
La su resurrecçion bien non la adoramos,
Si en fer bonas obras bien non nos avivamos.

183. Si queremos con Cristo a los çielos volar,
Las alas de vertudes nos an a levar:
Si nos tales non somos en dezir e en far,
Non somos derecheros vicarios del altar.

184. Estas palabras dichas que vos e desplanadas,
El vicario de Christo de las manos sagradas
Sobre el sacrifiçio sanctigua tres vegadas,
Tres palabras diziendo, todas bien sennaladas.

185. Dezili hostia pura sancta, non manzellada,
Ca fue tal Jesuchristo, no falleçió nada,

Puro fue sin peccado, sancto, cosa probada,
Nin tacha, nin manziella non fue en él fallada.

186. La natura primera toda es demudada,
Ya non es pan nin vino, nin de lo que fue, nada,
Cuerpo de Dios es todo, cosa deificada,
En Christo cae todo, esta bendiçion dada.

187. Desque faz las tres cruçes, todas son generales,
Otras tres faze luego, essas son speciales,
La una sobrel pan, sobre los corporales,
La otra sobrel vino de las uvas negrales.

188. Aqui se nos descubre otra nueva raçon,
Raçon muy neçessaria plena de bendiçion,
Desque es consegrada toda la oblaçion,
Por qué façe el preste otra consegraçion?

189. Habemos, que la hostia ante fue consegrada.
El vino esso mismo nol mengua nada.
Por qué signa el preste la cosa consegrada?
Esta razon semeya que nos es aguisada.

190. Tal razon commo esta buena es de catar,
Razon es muy derecha, debemos la buscar,
Qui ordenó la missa bien lo sopo asmar,
El Rey qui lo guiaba non lo dexó errar .

191. Los signos de la missa que faze el buen christiano,
El vicario de Christo con la su diestra mano,
Una razon nos traen, yo desto so çertano,
Ca nobles dos espigas ex en de aqueste grano.

192. Los unos signos faz en a la consegraçion,
Que consegran la hostia dando la bendiçion,
Los otros representan el pleyt de la passion,
El mal que sofrió Christo por nuestra redempçion

193. Amigos, estas cruçes que en cabo contamos,
Çinco furon por cuenta, ca bien nos acordamos
En la hostia por ellas nada non enançamos,
Mas las plagas que fueron en Christo remenbramos.

194. Çinco fueron las plagas sin ninguna dubdança,
Quatro las de los clavos, quinta la de la lança,
Dessas V. nos fazen las cruçes remembrança,
Longino le offreçió la una por pitança.

195. En el otro capitolo el preste ordenado
Ruega al Criador buen Rey apoderado
Dest sacrifiçio que sea tan pagado,
Commo con el que fizo Abel el buen mallado.

196. Ruegalo quel plega tanto con esta oblada,
Commo la quel ovo Sant Melchissedech dada,
O commo la quel ovo Abrahan presentada
Quando quiere al fiio matar con la espada.

197. Estos tres patriarchas que avemos nomnados
Omnes fueron devotos del Criador amados:
Los fechos que fezieron en libro son echados,
Ca siervos de Dios fueron, de Dios mucho preçiados.

198. De Abel bien sabemos lo que del conteçió,

Commol fue reçebido el don que offreçió,
Gradegiogelo mucho Dios que lo entendió,
Con Dios en la su alma, ca bien lo mereçió.

199. Bien de ninuello chico amó al Criador,
En fer a él serviçio era muy sabidor:
Cayn el su ermano que era del mayor,
Matólo por envidia commo grant traydor.

200. E con Melchissedech fue del tiempo primero
Quando Abrahan era padre muy verdadero:
Est offreçió a Dios non cabron nin carnero,
Mas dió en sacrifiçio pan e vino sennero.

201. El sancto sacrifiçio daquest buen varon
Con el de Ihesuchristo trahe una razon:
Es fue el çimiento, este la cubriçion,
David fablo en esto en su predicaçion.

202. Lo que Abrahan fizo esso fue grant fazanna,
Si non de Ihesuchristo non sabemos calanna,
Que levó su fiuelo a una grant montana
Por fer del sacrifiçio que fue cosa estranna.

203. Ca tenie grant rimero de lenna allegado,
Por quemar a su fiio el fuego aprestado,
El cuchillo en punno de su logar saccado,
Mas dixol Dios: non fagas, ca bien so tu pagado.

204. Estos tres patriarchas, varones acabados
Todos de sancta vida, de fechos sennalados
Son con grant derecho en la missa nomnados,

Ca en amar a Dios fueron bien avivados.

205. En el deçen capitulo el preçte ordenado
De çelebrar la missa al que es comendado,
Enclina la cabeça, ant el cuerpo sagrado,
Ora en su silençio commo iaz ordenado.

206. Faz de ambos los braços una cruz en sus pechos
Signo es que oblida todos malos despechos,
Perdona malos dichos, e todos malos fechos,
Ca él non metrá mano en demandar derechos.

207. Ruega entre su cuer al padre verdadero
Que mande al su angel que es su messagero,
Que lieve est sacrifiçio al altar verdadero
Ante la su presençia, sea ent plazentero.

208. Besa en el altar quando ha bien orado,
Descruçija los braços, páras bien remangado,
Signa sobre la hostia e al caliz sagrado,
Desende assi mismo commo iaz ordenado.

209. El beso del altar significa el beso
El que dió a don Christo Judas el mal apreso:
Nunca omne en sieglo non rizo tan mal seso:
Cuidó prender a otri, fincó él muy mal preso.

210. El falso descreydo fiço mala lazada,
Ayudol el diablo a prender la soldada,
Colgóse en un arbol, quebró por la corada:
Si non fuesse nasçido, él non perdria nada.

211. Las tres cruzes que faze es sancto varon,
Essas cruzes significan la trina oraçion,
La que fizo don Christo ante de la passion
Quando se apartó de la su criazon.

212. Signa sobre la hostia la vegada primera,
Luego sobre el caliz, e asi la terçera,
Desent tiende sus braços teniendo su carrera,
Leyendo la leyenda sancta e verdadera.

213. Aquelo que trascambia los brazos el abbat,
Quando faz el enclin ante la maiestat,
Buena es de saber esta tal puridat,
Si es significança, o es nesçiedat.

214. Buena es la pregunta fecha bien a razon,
Dios mande quel demos buena responsion;
Ca plazel a omne mucho de coraçon
Quando bien le recaden a la su question.

215. Los iudios significan la mano mas derecha,
Ca essos mantuvieron la ley sines retrecha
Essos daban a Dios sacrifiçios e pecha:
La tierra de Egipto por ellos fue mal trecha.

216. A essos dezia fijos el nuestro Salvador .
Aquessa grey buscaba commo leal pastor,
Elli le fizo graçia, merçed e grant honor:
Ella tornó las coçes, e fizo lo peor.

217. Por la siniestra mano que es mal embargada
La gent de paganismo nos es significada:

Ca andaba errada essa loca mesnada
Adorando los ydolos, e la cosa labrada.

218. Quando don Ihesuchristo el pastor natural
Vino quitar el mundo de la premia mortal,
Non quiso la su grey comer de la su sal;
Mas quanto mas podio buscoli todo mal.

219. De gent de paganismo fuele obedient,
Acogiose a él mucho de buena ment:
Si ante fue siniestra por su grant falliment,
En cabo tornó diestra del Rey omnipotent.

220. Los iudios que eran diestra del Criador,
Ca tenien la su ley, iazien en su amor,
Creer non lo quisieron, fizieron lo peor,
Cayeron a siniestro por el su grant error .

221. Los que eran por fiios de la diestra contados,
Trastornosse la rueda, tornaron en annados:
Los que annados eran que andaban errados,
Passaron a la diestra, e foron porfijados.

222. Esta razon significa los braços trascambiados,
Que cayeron los fijos, subieron los annados,
Los que estaban dentro fueron fuera echados,
Los que fuera estaban fueron dentro gradados.

223. En el otro capitulo cambiasse la razon:
El que fa missa canta faze petiçion,
Ruega al Rey de gloria de todo coraçon
Por las almas fideles que de nos menos son.

224. Ruega al Rey de gloria de toda voluntat
Por las almas fideles que son en pobredat,
Que faga sobrellas alguna piedat,
Que las cambie al regno de la su claridat.

225. Ruega a Dios el preste que faz el ministerio
Que las saque de cueta de tan manno lazerio,
Deles lugar paçifico de mayor refrigerio
Do fuelgan los creyentes del sancto Evangelio.

226. Quando est capitulo comiença el abbat,
Debe en sus amigos poner su voluntat,
Que los saque de pena Dios por su piedat,
Metalos en la gloria de la su claridat.

227. En el otro capitulo que es el postremero,
Ca doze son cabdales, sueldo bien cabdalero,
Delanl el Cruçifixo parasse muy fazero,
Da colpe en sus pechos commo en un tablero.

228. Quando en cruz estaba el sancto Salvador,
Mugieres que passaban doliense del Sennor,
Feriense a los pechos de muy grande dolor
Porque murie el justo, vivie el traydor.

229. Esto tal representa nuestro missacantano
Quando fiere sus pechos con la su diestra mano,
E faze grant gemito, un suspiro lozano
Conosçiendo su culpa al padre soberano.

230. Desende faze ruego al padre çelestial

Por si e por los omnes del pueblo terrenal,
Que en su merged fian, non en otro cabdal,
Que les dé part alguna en la cort spirital.

231. Que les dé part alguna en la soçiedat
De los sanctos apostoles por la su piedat,
E de los sanctos martires de firme voluntat,
Que soffrieron passiones a muert por la verdat.

232. Por abrir la carrera a essa veçindat
Emienta nobles sanctos de grant autoridat,
Apostolos e martires de la soçiedat
Que sirvieron a Christo de toda voluntat.

233. Si remembrar quisieramos los vierbos renunçados
Las palabras passadas, los dichos traspassados,
Podremos entender, por seer mas pagados,
Porque en dos logares son los sanctos nomnados.

234. De suso lo oyemos, sennores e amigos,
Que el mayor obispo de los tiempos antigos,
Quando se revestie de los sanctos vestidos,
El pallio mas susano tenie quales testigos.

235. Delante e de çaga en el panno susano
Los nomnes de los padres del tiempo ançiano
Consigo los levaba es missa-cantano
Podrielos bien leer sivuelque escolano.

236. Los saçerdotes nuestros siervos de los altares
Quando rezan el canon entre los paladares
Emientan a los sanctos por ent en dos logares,

Los unos delanteros, los otros espaldares.

237. Los que trayen delante demuestran los primeros,
Los que trayen acuestas los otros postremeros:
Los vieios de los nuevos fueron bien derecheros,
En fechos e en dichos iustos y verdaderos.

238. Non serien en la missa cutiano ementados,
Se non fuessen de Dios de coraçon amados;
Mas amaronlo ellos, e fueron del laudados:
Son en la sancta missa por testigos clamados.

239. Deque a la cordiella de los sanctos rezada,
Sobre la sancta sangne, e sobre la oblada
Santigua por tres vezes con la mano sagrada,
Deziendo tres palabras de sanctidad granada.

240. Despues destas tres cruçes el que la missa canta
Tuelle los corporales sobre la caliz sancta,
Faze otras tres cruzes con el pan que levanta,
E dos en la oriella, la mission es atanta.

241. Conviene que catemos est sancto misterio,
En bien escodrinarlo non es poco lazerio,
Mas el que a David guió en el salterio.
El nos dara conseio a est desiderio.

242. Dizen los evangelios que son bien de creer,
Que el viernes que quiso Christo passion prender,
En lenguas de iudios que deben pereçer,
Tres vezes lo pidieron por ferlo espender.

243. Tres vezes dioron vozes que lo cruçifigassen,
Sabie mucho de vierba, a esso non catassen,
Deziendo e faziendo en al non se parassen,
Ca pesarie a Çesar si non lo acabassen.

244. Las tres cruzes que faze el preste ordenado
Sobre la sancta hostia, e el vino sagrado,
Los pueblos representan del pueblo denodado,
Que lo querien dannar de todo el su grado.

245. Las tres cruçes tras estas retienen otra gesta,
Las tres oras que fueron de terçia hasta sexta,
Quando en cruz fue puesta la persona honesta,
Onde omnes e angeles çelebran rica fiesta.

246. Las dos cruçes caberas que en la orellada
Faz el preste del caliz con la hostia sagrada,
La sangne representa e la agua colada,
Que exio de don Christo quando priso la lanzada.

247. El qui canta la missa, esta razon passada
Visita al so pueblo con voz bien exaltada:
Recudel el coro, nol contradize nada,
Todos responden amen con voluntat pagada.

248. Desent amonestalos que piensen de orar,
Que el mal enemigo non los pueda tentar,
Digan el pater noster, piensen bien de rogar
Que les dé Dios fin buena, en çielo buen logar.

249. Quando la voz exalta el preste revestido,
Que despierta el pueblo que siede adormido,

Las mugieres significa, tal es el mi sentido,
Que a Christo buscaban do lo habien metido.

250. El sancto pater noster oraçion es divina,
De vivos e de muertos es sancta mediçina,
Non devemos nos ende passarnos tan ayna,
Ca iaçe so este grano provechosa farina.

251. Quando pedir devemos en esta pobre vida
Siquiera para en la otra de todo bien cumplida
En esta lection yaçe commo la quilina cosida[2]
Que de buena farina es toda bien farsida.

252. Dixoli a Ihesuchristo la su buena mesnada,
Sant Pedro e los otros companna esmerada:
Sennor e padre sancto que non yerras en nada,
Dinos commo oremos oraçion sennalada.

253. El sennor glorioso maestro acabado,
Vido que diçian seso e tovogelo a grado,
Mostrolis el pater noster sermon abreviado,
De la su sancta boca compuesto e dictado.

254. Todas las oraçiones menudas e granadas,
Las griegas e latinas aquí son ençerradas,
Las palabras son pocas, mas de seso cargadas,
Sabio fue el maestro que las ovo dictadas.

255. Siete cosas pedimos en esta oraçion,
Las tres duran por siempre las que primeras son:

2   Quilina es yerro: debe leerse quilma, que es un saco o costal para ha-
    rina o trigo.

Las quatro postremeras traen otra razon,
Finaron con el mundo todo una sazon.

256. La primera bendiçe al padre spirital.
Ca es su sancto nombre durable non mortal,
La voz segunda pide el reyno çelestial,
Que durará por siempre en preçiosa sennal.

257. En el logar terçero façemos petiçion
Que la su voluntat plena de bendiçion.
Quomo es en el çielo do nunca entra ladron,
Assi sea en la tierra, aya tal union.

258. Estas tres petiçiones que avemos leidas,
En esti nuestro mundo nunca serán complidas,
Mas seran en el otro todas bien avenidas,
Do nuevas de discordias nunca fueron oidas.

259. La quarta petiçion que nos a Dios pedimos,
La vida es del cuerpo sin la qual non vevimos,
Todo el comer nombramos quando el pan deçimos
Quando pan ementamos todo lo al complimos.

260. En la clausula quinta nos devemos guardar,
Si non alli podriamos dura-mente errar,
Si nos de Dios quisieremos buen perdon acabar,
Nos primero devemos a todos perdonar.

261. Ca nos assi deçimos a Dios quando clamamos:
Sennor, tu nos perdona commo nos perdonamos,
Pues nos torpes astrosos en vano laboramos
Si nos non perdonando perdon le demandamos.

262. Si nos non perdonamos, el perdon le pedimos
Erramos dura-mente e mal nos maldeçimos,
Nuestros contrarios somos et contra nos venimos,
Caemos en la foya en la que nos abrimos.

263. Si nos ganar queremos perdon de los pecados,
Perdonemos primero, vayamos confesados,
Podemos ir despues çiertos e segurados,
Que de mal que fiçiemos veranos descargados.

264. Quando nos pedimos la sexta petiçion
Devemos lo rogar de todo corazon,
Que caer non nos dexe en mala temptaçion,
La que façe al carro perder el cabezon.

265. Una clausula finca, essa es postremera,
Que ençierra las otras commo buena clavera,
Son pocas las palabras, sanctas de grant manera,
Es chica espiguiella bien plena de çevera.

266. Rogamoslo en cabo al padre celestial,
Por su sancta gracia que nos libre de mal,
Del mortal enemigo del fuego infernal,
Que de arder non çesa en ningun temporal.

267. Desque el pater noster es todo acabado,
El vicario de Ihesuchristo, el preste ordenado,
Diçe entre sus labios, amen, un buen bocado,
Que nos libre de mal, dénos el bien doblado.

268. Despues el vicario persona ordenada,

Desvuelve la patena que estaba volopada:
Diçe entre sus labios, amen, la voz cambiada,
Santiguase con ella en su cara bien lavada.

269. Ruega a Dios por él e por sus encomendados,
Que él los absuelva de todos los pecados,
También de los presentes commo de los pasados,
Et de los por venir non seamos tentados.

270. El caliz en que está el vino consagrado
El tumulo significa do Christo fue echado,
La patena que tiene el caliz embocado,
Significa la lapida, assi lo diz el ditado.

271. Quando las tres Marias o dos podrian estar,
Vinian al monumento a Christo balsamar,
Asmaban que la lapida non podrian levantar,
Façian muy grant duelo, ca avian grant pessar

272. Tratando esta cosa eran muy arduradas,
Que el duelo de Christo las avia mal quemadas,
Aun al monumento non eran allegadas,
Las nuevas del sepulcro vidieronlas cambiadas.

273. Vidieron de la tumba la lapida redrada,
El sepulcro abierto, la mortaia plegada,
Tovieron que iudios esa falsa mesnada,
Ellos avian la carne de don Christo furtada.

274. El saçerdote de Christo que la cosa ordena,
Quando façe el offiçio que besa la patena,
Aquello representa el duelo e la pena,

Que avia por don Christo la Sancta Magdalena.

275. Despues el sancto clerigo el que la missa canta,
Dando grandes sospiros toma la hostia sancta,
Quebrantala dos veçes luego que la levanta,
Façela tres zaticos en lo que la quebranta.

276. El pedazo que tiene en la derecha mano,
Con que signa el caliz essi missacantano,
Essi façe por los vivos por el pueblo christiano,
Que libre Dios las almas de rabioso milano.

277. De los dos que quedan el uno faz memoria
De las almas purgadas que son con Dios en gloria:
El terçero cantiello commo diçe la istoria,
Ruega por los que lazran en la ley purgatoria.

278. Quando el sancto preste façe essa labor,
Qui quebranta la hostia cuerpo del Criador,
Le çena representa de nuestro Salvador,
Que el pan quebrantado partia al derredor.

279. Aun al significa esta quebrantadura,
En la ley antigua trayan esta figura,
Quando ofreçia simila una farina pura,
Montones la façian con poquiella mesura.

280. Desend cantan los agnus con voz bien modulada,
Cantanlos e retornanlos la terçera vegada;
Por razon viene esto, non es cosa valdada,
Ca non faria la Iglesia cosa desordenada.

281. Los omnes desti mundo por tres guisas pecamos,
Por voluntat, por lengua, por fecho de las manos,
Al cordero de Dios tres veçes lo rogamos,
Que nos guarde de colpe onde las almas perdamos.

282. Nos por esto cantamos los agnus tres vegadas,
Porque en tres maneras façemos culpas granadas,
Façemos a Iesuchristo oraçiones dobladas,
Que nuestras vanidades non nos sean contadas.

283. Desende el ministro que sierve al altar,
Prende osculum paçis signo de caridat,
Comulga ende toda essa soçiedat,
Canta el coro laude de grant solempnidat.

284. Desti comulgamiento, desta paz general,
De que comulgan todos, bien es ca non es mal,
Saber porque es esto respuesta natural,
Plaçer debe a todos, ca es bien comunal.

285. En el tiempo primero oyemoslo deçir
Quantos iban a la iglesia a la missa oir,
Todos avian el cuerpo de Christo resçebir,
Esto cada dia lo avian assumir.

286. Los omnes de buen seso ovieron a asmar,
Que grant peligro era cutiano comulgar,
Ca non puede el omne siempre limpio estar
Ovieron otra guisa la cosa a temprar.

287. Pusieron los domingos, dias bien sennalados,
Que comulgasen todos, viniesen confesados,

Podrian en essi dia venir mas acordados,
Fueron en esta cosa todos asaborgados.

288. Fue esti uso bueno grant tiempo bien tenido,
Las gentes eran buenas, e Dios era temido:
Pero fue dende a poco tiempo cambiado e tollido,
Por comulagar en las Pascuasfue entonçe estableçido.

289. Fue estonçe estableçido en vez de comulgar,
Que cutiano viniesen todos la paz tomar,
Porque cada domingo non podian comulgar
Fue el pan benedicto puesto en su logar.

290. Quien paz quiere tomar o pan de bendiçion,
Debe venir devoto con grant devoçion,
Non debe traer odio entre su corazon,
Non mas que si quisiese resçibir comunion.

291. Qui la paz va tomar o el pan benedicto,
De pecados mortales debe seer bien quito:
Tenga el corazon en la comunion bien fito,
Si non en el infierno dará mucho mal grito.

292. Desque la paz es tomada et el cuerpo sumido,
Torna contra su pueblo el preste revestido,
Diçelis: Dios sea convusco, el mi pueblo querido,
Oremos a Dios todos que es sennor cumplido.

293. Esto diçe quando quiere la missa acabar,
Tornase e convidalos que piensen de orar,
En esto a don Christo quiere significar
Que fizo quando quiso a los çielos tornar.

294. Comió con sus discipulos, fizolis buen solaz,
De la su grant duriçia encrepólos assaz,
A toda criatura mandó predicar paz,
Ca él bien deste mundo todo en ella yaz.

295. Condonalis que vayan cada uno a su possada,
Diçelis que la hostia que fue sacrificada,
Por manos de los angeles es a Dios enviada:
Diçenli Deo gratias todos con voz alzada.

296. Graçias al Criador que nos quiso guiar,
Que guia a los romeros que van en ultra-mar!
El romançe es cumplido, puesto en buen logar:
Dias ha que lazdramos, queremos ir folgar.

297. Sennores e amigos quantos aqui seedes,
Merçet pido a todos por la ley que tenedes
De sendos pater nostres que me vos ayudedes,
A mi faredes algo, vos nada non perdredes.

Libros a la carta

A la carta es un servicio especializado para
empresas,
librerías,
bibliotecas,
editoriales
y centros de enseñanza;
y permite confeccionar libros que, por su formato y concepción,
sirven a los propósitos más específicos de estas instituciones.

Las empresas nos encargan ediciones personalizadas para marketing editorial o para regalos institucionales. Y los interesados solicitan, a título personal, ediciones antiguas, o no disponibles en el mercado; y las acompañan con notas y comentarios críticos.

Las ediciones tienen como apoyo un libro de estilo con todo tipo de referencias sobre los criterios de tratamiento tipográfico aplicados a nuestros libros que puede ser consultado en Linkguaediciones.com.

Linkgua edita por encargo diferentes versiones de una misma obra con distintos tratamientos ortotipográficos (actualizaciones de carácter divulgativo de un clásico, o versiones estrictamente fieles a la edición original de referencia).

Este servicio de ediciones a la carta le permitirá, si usted se dedica a la enseñanza, tener una forma de hacer pública su interpretación de un texto y, sobre una versión digitalizada «base», usted podrá introducir interpretaciones del texto fuente. Es un tópico que los profesores denuncien en clase los desmanes de una edición, o vayan comentando errores de interpretación de un texto y esta es una solución útil a esa necesidad del mundo académico.

Asimismo publicamos de manera sistemática, en un mismo catálogo, tesis doctorales y actas de congresos académicos, que son distribuidas a través de nuestra Web.

El servicio de «libros a la carta» funciona de dos formas.

1. Tenemos un fondo de libros digitalizados que usted puede personalizar en tiradas de al menos cinco ejemplares. Estas personalizaciones pueden ser de todo tipo: añadir notas de clase para uso de un grupo de estudiantes, introducir logos corporativos para uso con fines de marketing empresarial, etc. etc.

2. Buscamos libros descatalogados de otras editoriales y los reeditamos en tiradas cortas a petición de un cliente.